Vorwort:

Es gibt viele vorgefertigte Texte, die ein Hypnosetherapeut in seinem Alltag verwenden kann und wird. Je individueller jedoch eine Hypnose gestaltet ist, desto wirkungsvoller wird sie beim Klienten ankommen.

Dieses Buch beschäftigt sich mit den Grundlagen, die benötigt werden, eine Hypnose einfach und kreativ zu gestalten, ohne die Wirksamkeit außer Acht zu lassen.

Mit dem Wissen lassen sich dann auch vorhanden Hypnosetexte überprüfen und anpassen.

Schritt für Schritt wirst du an das Thema herangeführt, damit du am Ende sicher in dem bist, was du tust.

Bitte mache die Übungen in den einzelnen Kapitel gewissenhaft. Du wirst am Ende nicht nur die Techniken besser verstehen, sondern auch einen besseren Blick auf deine Kommunikation in der Therapie oder dem Alltag haben und sie gewinnbringend für dich anwenden können.

Farblich abgesetzt wirst du einfach zwischen den Kapiteln springen können, um die Beispiele besser zu verstehen und die Kommentare ausführlich nachlesen zu können.

Ich wünsche dir viel Spaß beim Lesen und tun!

Daniel (Autor)

Inhaltsverzeichnis

Ziel einer Hypnose

Bevor wir anfangen, gilt es, sich noch einmal klar zu machen, wozu du überhaupt eine Hypnose schreiben möchtest. Soll Sie dem Klienten Hypnose zeigen, so sollte sie nicht so tief einleiten, damit er zu jedem Zeitpunkt die Kontrolle über sich behält, also zuhören kann. Geht es um Veränderungsarbeit, Traumatisierungen oder gar Schmerzreduktion, solltest du tiefer einleiten.

Möchtest du den Bestand deiner „Grundhypnosen" aufstocken, eine Datei im Internet anbieten oder eine individuelle Hypnose gestalten? Jedes Mal wirst du mit einer bestimmten Grundhaltung herangehen, die, von deiner Intuition gesteuert, zielgerichteter sein wird.

Nimm dir also jedes Mal vorher einen Moment Zeit, um dir klar zu machen, welche Basis deine Hypnose haben soll. So vermeidest du ein schwammiges Ergebnis am Schluss.

Lineare und geschachtelte Hypnose

Vielleicht hast du dich über den Titel gewundert – lineare Hypnose. Im Gegensatz zur Nested-Loop-Technik, die verschiedene Geschichten ineinander schachtelt, folgt die lineare Form dem Aufbau, den du aus dem Aufsatz im Deutschunterricht noch kennst. Einleitung – Hauptteil – Schluss. Nur dass wir in der Hypnosetherapie die Begriffe Induktion – Wirkhypnose – Ausleitung verwenden.

Aufbau einer linearen Hypnose

Induktion (Einleitung)

Zu Beginn soll der Klient in eine Entspannung gehen. Gerade beim ersten Mal ist es ratsam, es sich selbst so einfach wie möglich zu machen. Der Trick ist, nicht gegen den inneren Widerstand des Klienten arbeiten zu müssen. Der größte Punkt ist die Unsicherheit: „Was passiert mit mir?"

Sage ihm vor der Hypnose, dass er den Prozess aktiv durch Zuhören begleiten kann und, wenn er möchte, alles bis zum Schluss hören kann.

Das ist in den meisten Fällen schon die halbe Miete.

Neben der verbalen Induktion, also mit Worten, kannst du natürlich auch nonverbal über den Körper des Klienten (Augenschlusstechnik), Geräusche (Wel-

lenrauschen, Klangschalen) oder das Sehen (Schau diesen Punkt an...) einleiten. Dies ist aber hier kein Thema im Buch.

Wirkhypnose

In der Wirkhypnose kannst du Veränderungsprozesse anstoßen, analytisch verfahren, Schmerz ausschalten oder mit ideomotorischen Fingersignalen arbeiten. Alles folgt jedoch der gleichen Struktur. Einer Mischung aus Vertiefung und Suggestion. Sinnvoll ist es hier, als Basis eine Metapher zu wählen, die bereits suggestive Wirkung hat. So ist ein Besuch im Haus der Fantasie wesentlich einfacher zu gestalten als eine Floßfahrt, wenn es um das Thema Sicherheit geht.

Ausleitung

Am Ende jeder Hypnose steht eine Ausleitung, angereichert mit realitätsorientierenden Suggestionen, aber auch posthypnotischen Befehlen.

Werkzeugkasten

Der Werkzeugkasten wird dein Nachschlagewerk beim Erstellen deiner Hypnosen sein. Farblich abgesetzt, wirst du von den Kommentaren in den Beispielen leicht wieder an die richtige Stelle kommen, wo dir der entsprechende Kommentar noch einmal ausführlich erklärt wird.

Solltest du alles auswendig lernen wollen, so spare dir das lieber gleich. Wenn du intensiv dieses Kapitel für dich zum Nachschlagen nutzt, sitzt das Wissen so oder so.

Bildhafte Sprache

Wir werden geboren, machen das erste Mal die Augen auf und sehen alles – schwarz-weiß, ohne Namen, aber es ist da! Unser Gehirn lernt in Bildern zu denken. Blind geboren, wird ein anderer Sinneskanal zum Repräsentanten. Dementsprechend kann eine auditiv geprägte Sprache mit Geräuschen als Anker bei Blinden wesentlich effizienter sein als Bildersprache. Vielleicht hast du ja Lust, dich auf Blinde zu spezialisieren und alles, was wir hier am Beispiel von Bildern für Sehende machen werden, für dich anders umzusetzen.

Fakt ist jedoch, die Meisten können sehen und sind so für Bilder im Unterbewusstsein gut zugänglich. Vielleicht glaubst du das jetzt nicht, aber auch du be-

nutzt Bilder und negative Bilder, um Probleme zu lösen und dein Ziel zu erreichen. Wenn du etwas erklärst und dein Gegenüber versteht nicht gleich, so wirst du zu einem bildhaften Vergleich greifen. Du stehst wild gestikulierend vor deinem Sohn oder deiner Tochter, um Luftdruck zu erklären und erntest nur Unverständnis. Das „AHA-Erlebnis" kommt mit dem Satz: „Schau mal, wenn ich einen Ballon aufblase, ist da mehr Luft drin, als draußen. Die will sogar raus. Deswegen wird der Ballon kleiner, wenn man ihn aufmacht."

Entsprechend ist es wichtig, in einer Hypnose alles in positive Bilder einzukleiden, egal ob in der Induktion oder der Wirkhypnose.

Archetypen

Bestimmte Bilder werden von den meisten Menschen ähnlich gedeutet. Mit der Wahl eines solche Bildes vermeidest du Fehlgriffe. Was für dich gut ist, kann für den anderen schlecht sein. Hier sind ein paar Beispiele für dich. Viele weitere kannst du googlen.

Helfer:

Der Weise

Der Weise geht es vor allem um die Wahrheit. Durch Intelligenz und analytische Fähigkeiten will er die

Welt erkennen. Er kann <u>Dinge beispielhaft zeigen</u>, seien es Wege oder Ziele.

Der Entdecker

Der Entdecker muss hinaus in die Welt. Er geht auf die Reise, probiert Neues aus und legt großen Wert auf Unabhängigkeit. Hier können <u>Reisen in Problemfelder, in die Zukunft oder Vergangenheit</u> begleitet werden.

Der Zauberer

Der Zauberer macht Dinge möglich, die andere nicht für möglich gehalten hätten. Er will die Regeln des Universums verstehen, um die Welt zum Guten zu verändern. <u>Holografien der eigenen Person oder des Zielbildes</u> können angeleitet werden. Utensilien des Zauberers, wie die Kristallkugel lässt Blicke in die Problemfelder zu.

Orte

Das Haus

Im Haus ist es <u>sicher und geborgen</u>, es kann vom Klienten angepasst werden, erneuert, verändert.

Der Berg

Was hinter dem Berg ist, sieht man nicht, was vor dem Berg ist auch nicht. Es stellt die überwindliche Grenze zwischen alt und neu dar.

Der Fluss

Er symbolisiert das Leben, die Bewegung. Auf dem Fluss kann ich mich treiben lassen, aber auch gegen den Strom schwimmen, ihn gegebenenfalls überwinden.

Das Meer

Das Meer ist die Unendlichkeit, die Tiefe, die Freiheit. Die Wiese

Es ist der Ort ohne Grenzen, ohne Ja und Nein. Der Ausgangspunkt. Hier bin ich frei, aber sicher.

Suggestionstypen

Um eine Veränderung bei deinem Klienten zu bewirken, verwendest du Suggestionen. Du sagst dem Klienten, was er zu tun hat, wo er zu suchen hat oder was etwas bewirken kann. Das kannst du explizit oder implizit, also indirekt tun.

Direkte Suggestion

Die direkte Suggestion weist direkt auf das hin, was zu tun ist: „ Stelle dir jetzt einen Spiegel vor." „Der Spiegel hat einen goldenen Rahmen."

Übung: Überlege dir 5 Situationen, in denen du im Alltag die direkte Suggestion verwendest und schreibe sie hier auf:

1._____

2._____

3._____

4._____

5._____

Indirekte Suggestion

Die Indirekte Suggestion umschreibt das gewollte vage, damit das Unterbewusstsein mehr Handlungsspielraum hat. Die Beispiele der Direkten Suggestion können hier so aussehen: In diesem Raum findest du irgendwo etwas in dem du dich selbst sehen kannst. Vielleicht gibt es eine Rahmen um dieses Objekt, der in einer bestimmten Farbe leuchtet.

Übung: Finde auch hier 5 Gesprächssituationen, in denen du vage bleibst, aber ein Ziel verfolgst, vielleicht auch aus deiner Kindheit.

1._____

2._____

3._____

4._____

5.._____

Überlege: Was ist dir schwerer gefallen?

Übung: Bestimme die Art der Suggestion und übersetze die folgenden Beispiele in die jeweils andere Suggestionsart:

Du bist entspannt! (_____)

_____

Gehe an einen für dich angenehmen Ort.
(_____)

_____

Finde eine geometrische Form in deiner Lieblingsfarbe. (_____)

_____

Lege dich auf die Wiese (_____)

_____

(Lösung am Ende des Buches)

Sprachmittel

Um eine Hypnose schreiben zu können, solltest du über verschieden sprachliche Mittel verfügen, die du gezielt einsetzt. Behalte die Ziele Entspannung erzeugen in der Induktion, Veränderungen bewirken in der Wirkhypnose und zielgerichtetes Verlassen der Hypnose in der Ausleitung im Auge. Du wirst automatisch die richtigen Sprachmittel mischen.

Autoritäre Sprache

Dieser Sprachstil war zu Zeiten Sigmund Freuds für die Hypnose noch üblich. Man versuchte alles mit Befehlen zu Erzielen. Auch die Entspannung. Heute ist es die Mischung zwischen autoritär und antiautoritär, um eine gute Hypnose zu verfassen. Die direkte Sprache in Befehlsform ist in der Wirkhypnose häufiger, weil dort der innere Widerstand des Klienten weit zurückgefahren ist. Jedoch auch in der Induktion ist der direkte Sprachstil an einigen Stellen sinnvoll, um dem Klienten eine klare Linie zu geben.

Beispiele:

Du bist müde.

Mit jedem Atemzug gehst du tiefer und tiefer.

Konzentriere dich ganz auf das Haus.

Jedes Geräusch vertieft deine Entspannung.

Als Antwort wird im Wachzustand immer ein: „Nein"
kommen und die Suggestion nicht ausgeführt werden. Je weiter die Entspannung jedoch fortgeschrit-
ten ist, umso mehr wir der Klient auch solche Suggestionen annehmen. Es gilt, ein sinnvolles Maß an-
zuwenden, und nicht über das Ziel hinauszuschie-
ßen. „Vielleicht möchten Sie sich jetzt irgendwo hinlegen und die Augen schließen" wird eher ein Fragezei-
chen ins Gesicht des Klienten zeichnen, wenn er sich
auf die Liege legen soll, um zu entspannen.

Antiautoritär

Wie im letzten Satz angedeutet, ist der antiautoritäre
Sprechstil erlaubend und zieht im Idealfall immer ein
„warum nicht." nach sich. Die Beispiele von oben sehen hier so aus:

Wie schön wäre es, sich mal wieder richtig zu Entspannen.

Möglicherweise wird deine Atmung dein Weg in die
Entspannung sein.

Irgendwie zieht dieses Haus dich magisch an.

Alles im Raum kann deine Entspannung noch mehr
vertiefen.

Negationen

Wir denken in Bildern. Bilder sind da. Das etwas nicht da ist ist ein gelernter Prozess und wird in der anderen Gehirnhälfte verarbeitet. Demnach erzeugen negative Bilder erst mal das Bild und dann wird es weggeschoben.

In der Hypnose sind also negative Suggestion zu vermeiden. „Du bist kein Raucher mehr" erzeugt im Unterbewusstsein genau das Gegenteil!!!

Genau das ist es aber, was wir in der Hypnose nutzen können um Widerstände zu übergehen.

„Du musst gar nicht in eine tiefe Entspannung gehen." Du brauchst gar nichts zu tun." erzeugen das Gegenteil. Hier ist das doch sinnvoll, oder?

Mischformen

In einer guten Hypnose mischt man direkte und indirekte Suggestion, autoritäre und antiautoritäre Sprechweise.

Übung:

Lies die den Anfang dieser Tranceinduktion durch und unterstreiche Suggestionsarten und Sprechstile in den jeweiligen Farben. Dabei ist es möglich, dass sich Suggestionsart und Sprechstil überschneiden.

„Vielleicht hast du bereits bemerkt, dass du dich mit dem Hinlegen und dem Augenschließen schon ein

wenig auf die Entspannung eingestellt hast, sodass du jetzt irgendwo im Körper so eine erste Form von Entspannung entdecken kannst. Merke dir diese Stelle gut, während du dich jetzt deiner Atmung zuwendest. Möglicher hast du schon bemerkt, wie deine Atmung mit jedem Atemzug immer ruhiger und ruhiger wird. Ist das nicht schön? Und wenn du jetzt wieder diese eine Stelle beachtest, könnte es sein, dass dieser Bereich der tiefen Entspannung sich jetzt schon vergrößert hat. Und das ist angenehm."

Um diesen Stil zu üben, solltest du dir das Sprachmodell Milton Ericksons ansehen. Du findest eine Zusammenfassung auf nlpportal unter dem Link: https://bit.ly/2Dvmpzf

Hast du es bemerkt? Der Sprachfluss leidet nicht unter dem Wechsel der Strukturen. Im Gegenteil: Es fühlt sich natürlich an.

Übung: Verbinde nun die folgenden autoritären und direkten Suggestionen miteinander, indem du die anderen Beiden Strukturen mit einbeziehst und so eine angenehm lesbare Mischung aus allem daraus machst. Verwende Worte wie „vielleicht, möglicherweise, bereits jetzt schon, merkst du, fühlst du…" oder stelle Fragen.

Freue dich auf die Entspannung. Du bemerkst, wie du immer mehr entspannst. Mache dir deine Atmung bewusst. Mit jedem Ausatmen gehst du tiefer. Stelle dir dabei einen See vor, der im Abendlicht funkelt. Ein

Boot schaukelt auf dem See. Dein Atem passt sich diesem Schaukeln an.

Vertiefungstechniken

In der Induktion wird die eingeleitete Entspannung durch verschiedene Techniken verbal oder auch non-verbal vertieft.

Fraktionieren

Fraktionieren ist das gezielte unterbrechen der Trance. Beim Wiedereinstieg geht es leichter eine Stufe tiefer in die Entspannung. Neben des wieder Öffnen der Augen kann es auch ein Bruch im Thema sein, das wieder in die Realität zurückverweist. Auch ein Fokus/Motivwechsel führt dazu, dass der Klient einen wacheren Moment hat.

Beispiel Augenschluss:

„Ich werde dich gleich bitten, die Augen noch einmal zu öffnen, um sie dann wieder zu schließen <u>und noch tiefer in die Entspannung zu gehen</u>." „Öffne jetzt die Augen, … , und schließe sie wieder! Sehr gut"

Im unterstrichenen Teil wird gleich noch die Suggestion angehängt, um die Wirksamkeit der Fraktionierung zu verstärken.

Diese Sequenz kann mehrfach im Text wiederholt werden. Allerdings ist dabei zu beachten, dass der

Rapport durch zu häufiges wiederholen nicht abreißt. Sinnvoller ist es, mit den anderen Fraktionierungstechniken zu wechseln. Test vielleicht schon nach dem ersten mal, ob der Klient die Augen noch öffnet, wenn du sagst: „…während deine Augen sich bereits jetzt so entspannt haben, dass es viel schöner ist, sie geschlossen zu lassen. Selbst wenn du versuchen würdest, sie zu öffnen, sie sich noch fester schließen und es ist angenehm! …Versuche jetzt, die Augen zu öffnen… und du kannst aufhören zu versuchen und noch tiefer in die Entspannung gehen. Sehr gut!"

Beispiel: Fokusschwenk

„… und du weiter auf deine Ausatmung (nach innen gerichtet) achtest, merkst du, wie die Autos draußen immer unwichtiger und unwichtiger werden (nach außen gerichtet) und du möglicherweise diese Tiefe Entspannung irgendwie stärker wahrnehmen kannst (nach innen gerichtet) während dich die Musik, deren Melodie dir beim Entspannen hilft (nach außen gerichtet), die noch tiefer gehen lässt um….."

Konfusion

Bei der Konfusion – Verwirrung, wird erst die rationale Gehirnhälfte aktiviert, überlastet und die Dominanz dann wieder auf die emotionalen Anteile verlagert. Konfusionen arbeiten oft mit Doppeldeutigkeiten, Alliterationen oder Fehlern. So kann das Wort „Freitag" freier Tag, oder eben der Wochentag bedeuten. Wie

weitgehend willensstarke Worte Wesenszüge verändern, sieht man an diesem Beispiel für Konfusion.
Auch ein gezielter Fehler, sei es unwillentlich beim
Sprechen oder zum Beispiel beim Zählen haben den
gewünschten Effekt. Ergo: Beim Versprechen einfach
weitermachen – ist es eine Suggestion, diese dann
nochmals im Verlauf richtig wiederholen.

Beispiel für eine Konfusion mit einer fehlende Zahl:

„… 5 Jedes Wort von mir, lässt 4 deine Gedanken immer unwichtiger und unwichtiger werden, um 2 bei
der Zahl 0 gedanklich genau so entspannt zu sein 1,
wie es dein Körper bereits ist. Und 0!"

Beispiel für eine Konfusion mit Gegenteilen

„…ist es nicht verwunderlich wie groß manche Dinge
sind, obwohl sie so klein sind? In ihrer Kleinheit liegt
die Größe, obwohl sie so klein sind, dass Große das
Kleine vielleicht übersehen könnte, so wie auch kleine manchmal geneigt sind, großes nicht zu sehen,
weil so großes ein klein wenig größer sein könnte, so
wie kleines den Kleinen und aber großes nicht dem
Kleinen widerstrebt, wird auch das Kleine immer großes sein und bleiben, vielleicht ein klein wenig größer, als kleines jemals sein wird…" (hier folgt die
Suggestion)

Übung: Schreibe 3 verschiedene Gegenteilpaare auf.

1._____

2._____

3._____

Übung: Schreibe drei Alliterationen mit mindestens 5 verschiedenen Worten auf.

1._____

2._____

3._____

Rhythmisierung

Die Rhythmisierung ist ein eine gezielte Unterbrechung der Sätze nach Sinneinheiten. Dem Klienten wird so die bessere Imagination der erzeugten Bilder ermöglicht und er kann die Wahrnehmung nach innen oder außen besser vertiefen. Im Text kann diese Sprechpause durch Kommas, besser jedoch durch Punkte […] markiert werden. Möglich ist auch, Zeiteinheiten für die Sprechpausen mit anzugeben. […10Sek.…]

Beispiel:

Richtig:

„... Und so kannst du [...3 Sek...] vielleicht jetzt schon [...3 Sek...] die tiefe Entspannung fühlen..."

Falsch:

„... Und so [...3 Sek...] kannst du vielleicht jetzt [...3 Sek...] schon die tiefe Entspannung fühlen..."

Nonverbale Vertiefungstechniken

Nonverbale Vertiefungen sind Vertiefungen, die über Sehen, den Körper, Duft oder Geräusche stattfinden.

Analoges Markieren

Durch das Betonen von Worten kann ich diese für den Klienten ankern, sodass ein Trancezustand wieder aufgerufen werden kann. In einer tiefen Entspannung kann ich beispielsweise das Wort tief betonen

und in wacheren Phasen im Satz verschwinden lassen.

Beispiel: Während du diese <u>tiefe</u> Trance jetzt genießen kannst wirst du […] und so kannst du in deine tiefsten Gedanken über das Nachsinnen, was dir dein Unterbewusstsein vorgibt, während du <u>tiefer</u> gehst.

Auch durch eine falsche Rhythmisierung kann ein analoges Markieren von Worten stattfinden.

„… Und so kannst du […3 Sek…] vielleicht jetzt schon […3 Sek…] die tiefe Entspannung fühlen…"

Das oben noch „falsche Beispiel" ist richtig, wenn es gezielt für etwas eingesetzt wird. Durch falsche Strukturierung kann also unter Umständen ein Anker gesetzt werden, der mich in der Folge bei der Arbeit hindert, im schlimmsten Fall das Ziel der Therapie verfehlt.

Übung: Markiere Sprechpausen mit einem senkrechten Strich, sodass das Märchen „Sterntaler" tranceinduzierend wirkt.

„Es war einmal ein kleines Mädchen, dem war Vater und Mutter gestorben, und es war so arm, dass es kein Kämmerchen mehr hatte, darin zu wohnen, und kein Bettchen mehr hatte, darin zu schlafen, und endlich gar nichts mehr als die Kleider auf dem Leib und ein Stückchen Brot in der Hand, das ihm ein mitleidiges Herz geschenkt hatte. Es war aber gut und fromm. Und weil es so von aller Welt verlassen war, ging es im Vertrauen auf den lieben Gott hinaus ins Feld."

Praxisteil:

Es geht los: Du schreibst jetzt deine eigene Hypnose!

Eine lineare Hypnoseinduktion schreiben

Themafindung

Zuerst solltest du dir ein Thema überlegen, das als Bild über der Tranceinduktion liegt. Wir denken in Bildern und es geht darum, über Imagination die emotionale Gehirnhälfte zu stimulieren und die rationale unter zu ordnen oder unter Umständen auszuschalten. Dies gelingt am einfachsten mit Bildern und Musik.

Als Thema eignet sich alles, was den Klienten ein Wohlgefühl bereitet, wenn er daran denkt. Auch der Körper oder die Raumwahrnehmung (Fokussierung auf verschiedene Details) sind möglich. Klassiker sind der Strand, der Berggipfel, Tropenszenen und so weiter. Bevor du ein Thema festlegst, kannst du schon im Hinblick auf die Wirkhypnose prüfen, welches Gefühl das Bild für dich erzeugt.

Übung: Schreibe ein Gefühl auf, das das jeweilige Thema bei dir erzeugt:

Der Hafen: _____

Die Wiese: _____

Der Gipfel: _____

Das Boot: _____

Die Höhle: _____

Der Strudel: _____

Der Strand: _____

Unter Wasser: _____

V.A.K.O.G

In der Trance geht es darum, assoziiertes Erleben zu ermöglichen. Der Klient soll sich in den Bildern bewegen. Deshalb sollten immer möglichst viele Sinne angesprochen werden. Visuell, Auditiv, Kinästhetisch, Olfaktorisch und Gustatorisch sollten Bilder ausgestaltet werden.

Übung: Unterstreiche die angesprochenen Sinne in unterschiedlichen Farben.

„... und so findest du dich in einer angenehm, warmen Höhle wieder. An den Wänden funkeln Wasser-

tropfen wie silbernen Perlen. Das Echo jeden sich am Boden ergießenden Tropfen hallt scheinbar tausendfach an den Wänden wider. Der angenehm feuchte Duft der Luft lädt dich ein, die Augen einfach einmal zu schließen und noch tiefer in die Welt deiner Fantasie einzutauchen. Spüre, wie es dir in deinem innersten dabei geht…"

Der Trick ist, erst die Bilder und Szenen zu schreiben und danach noch einmal mit Gefühlen anzureichern.

Vergleiche

Vergleiche intensivieren das Erleben und machen abstrakte Gefühle und Regungen greifbar. Mit ihnen sollte nicht gespart werden. Zu beachten gilt, dass sie einfach und nachvollziehbar gehalten werden sollen.

Übung: Finde Vergleiche für die jeweiligen Worte:

Liebe ist wie

_____

Das Haus ist wie

_____

Freiheit ist wie

_____

Glück ist wie _____

Die Lichtstrahlen sind wie

_____

Beispiel mit Kommentaren

Lies die Induktion genau und verfolge den Aufbau. Im Anschluss kannst du eine eigene Induktion schreiben, entweder, indem du das Thema tauschst und am Gerüst dieser Induktion bleibst oder indem du deine eigenen Aufbau gestaltest. Teste im Anschluss dein Ergebnis mit einem lieben Menschen und lass dir sagen, ob es irgendwelche Punkte in deiner Induktion gibt, die stören.

Hypnoseinduktion

...Und so möchte ich dich nun bitten, dir vorzustellen in einer wunderschönen Parkanlage zu sein, die dich zum Verweilen einlädt. Die Sonne scheint angenehm warm und vielleicht kannst du die angenehme Brise auf deiner Haut spüren die die Blätter an den Bäumen in ein Rascheln versetzt. Blätter in einem dunklen grün, das du jetzt vielleicht genauer betrachten kannst. Der Weg mit seinen hellen Steinchen führt dich an eine Treppe, die 10 Stufen tief nach unten zu einem kleine Teich führt. Diese Treppe ist jedoch eine ganz besondere Treppe. Mit jeder Stufe kann und wird sie dich in eine Entspannung führen, die sich mit jeder Stufe, die du tief hinabsteigst, sich noch verdoppelt, sodass du direkt am Teich eine Tiefe deiner Entspannung erleben wirst, wie du sie vielleicht noch gar nicht kennen gelernt hast. Genieße diese angenehme Gefühl.

10 Trete nun auf die erste Stufe und spüre, wie gut es dir geht, während du irgendwo in deinem Körper eine erste Form von Entspannung entdecken kannst. Vielleicht ist es eine angenehme Schwere oder Wärme, die dich einlädt, noch mehr zu entdecken? Ein Vogel mit einem bunten Federkleid fliegt vorbei und landet auf einem Baum, während du den nächsten Schritt nach unten gehst und vielleicht gar nicht gemerkt hast, wie sich deine Entspannung 9 bei der 2. Stufe verdoppelt hat.

8 Leicht und angenehm, tiefer und tiefer bringt dich die Treppe, die du vielleicht jetzt sogar unter deinen Füßen spüren kannst. Möglicherweise ist sie der Weg zu dir selbst in dem die äußeren Reize eine inneren Ruhe weichen können, wenn die Wichtigkeit des Inneren zunimmt und dem Äußeren die Wertigkeit entzieht, sodass alles 7, was du von außen wahrnimmst, deine Entspannung weiter vertiefen wird um der angenehmen Endlosigkeit die Wertigkeit beizumessen, die dir jetzt einen maximalen Veränderungsprozess ermöglicht.

Achte darauf, wie sich die Parklandschaft bereits jetzt verändert hat. Wie die Bäume nun immer leiser und langsamer ausführen, als wollten Sie dich in den Schlaf schaukeln. In einen traumhaft, heilenden Schlaf der dich 6 bei der Zahl 0 etwas Unbeschreibliches erleben lässt, bei dem dein Unbewusstes den Veränderungsprozessen anheim fallen kann, die dir so gut tun.

5 Du bist bei der 6. Stufe angekommen. So wie sich dein Körper bereits jetzt so tief entspannt hat, dass er sich scheinbar mit der Unterlage, auf der du dich befindest, verbunden hat, können und werden auch deine Gedanken genauso in diese Tiefe Entspannung gehen, wie es dein Körper weiter tun wird. Jedes Wort meiner Stimme, jeder Takt diese Melodie bringt dich weiter und tiefer und tiefer in diese Trance, in diesen wunderbaren, angenehmen, ganz anderen Schlaf.

Lasse jetzt deine Gedanken los, wie der Baum, der im Herbst seine bunten Blätter von Wind davontragen lässt und gehe den nächsten Schritt in deine tiefe Trance auf die 4 siebte Stufe, die sich vielleicht schon ganz anders anfühlt und du möglicherweise die letzten Gedanken in der Ferne bunt davonfliegen siehst.

3 ich lade dich jetzt ein, nur noch meiner Stimme zu folgen und mit mir auf eine Reise zu gehen, weit, weit weg von hier an einen anderen Ort, in eine andere Zeit um

2 Unbeschreibliches zu erleben und die Veränderungsprozesse anzustoßen, die deinem Leben jetzt oder gleich mehr Qualität geben können und werden.

1 Möglicherweise merkst du wie angenehm diese Reise für dich werden wird, bereits jetzt schon, oder nicht?

0 Du bist da. Direkt vor dir siehst du die tiefe, ruhig daliegende Wasserfläche im Teich. Weiße Wölkchen am blauen Himmel spiegeln sich in der Unendlichkeit einzelner Wassertropfen. Mücken tanzen auf dem Wasser wie Elfen der Glückseligkeit. Eine Elfe tippt mit ihrem Beinchen auf diesen Spiegel und lässt eine Welle deiner Fantasie über das Wasser gleiten, die dich nun in deinen Traum entführt, in dem du dich in …… wiederfindest. (Wirkhypnose)

Kommentar

Die Induktion beginnt mit der Fokussierung nach innen. Der Park mit seiner offenen Anlage ist etwas, das anders als eine Wiese strukturiert ist. Menschen kontrollieren gerne und so ist eine kontrollierter, abgegrenzter, sozusagen beschützter und gepflegter Bereich etwas, womit die meisten Klienten etwas anfangen können. Viele Sinne werden angesprochen, damit das assoziierte Erleben erleichtert wird. Die Treppe dient als Metapher für die Stufen der Entspannung. Es könnte auch eine Leiter oder Serpentinen sein. Eine Treppe ist für den Park jedoch stimmiger. Vor der ersten Stufe gibt es die Suggestion, was passieren soll, wenn man unten am Teich angekommen ist. So wird jede Stufe anhand dieser Suggestion geprüft und erneut befolgt. Durch das Hinabsteigen und gleichzeitige Hochzählen wird eine permanente Kon-

fusion erzeugt, die die rationale Hirnhälfte überlastet und zum Aufgeben zwingt. Bei 10 sorgt der Vogel für den scheinbaren Blick nach außen, weg von der Treppe, eine subtil fraktionierende Wirkung. 9 ist mit 10 verflochten, um bei 8 eine Konfusion zwischen „innen" und „außen" zu gestalten und die Verdopplungssuggestion bei 9 zu kaschieren. So kann die 7. Stufen mit einer direkten Suggestion direkt im Unterbewusstsein ankommen. Wieder folgt ein Fokuswechsel zwischen Treppe und Park, kurz dem Schlaf, gefolgt von einer Überlastung der Logik mit der Zahl „6" und „0". Vorher wurde logisch herabgezählt und jetzt einmal gesprungen. Eine andere Technik wäre das weglassen einer Zahl in einer logischen Reihe.

Bei der 5 wird nur wieder auf das Außen geschaut. Es geht um den realen Körper und seine Entspannung. Eine weitere Fraktionierung.

Die 4 wechselt nun nach den rein körperlichen Entspannungssuggestionen auf die Gedankenwelt und utilisiert dabei den bereits gewonnenen Grad der Entspannung.

3 blendet die Realität nochmals weiter aus, um mit 2 und 1 nochmal die Veränderungsbereitschaft zu erhöhen.

Bei 0 wird mit den Elfen implizit eine Erinnerung an die Vergangenheit initiiert. Eine Zeit in der man wertungsfrei sich einfach auf alles neue freuen konnte. Damit wird nochmals die Veränderungsbereitschaft

angesprochen. Der Spiegel im Teich stellt den Spiegel der Seele dar, den die Elfe mit Ihrem Beinchen verändert.

Im Folgenden ist der Text durch hinweise auf die Bereiche des Werkzeugkastens ergänzt:

…Und so möchte ich dich nun bitten (antiautoritär) , dir vorzustellen in einer wunderschönen Parkanlage zu sein, die dich zum Verweilen einlädt. Die Sonne scheint angenehm warm (kinästhetisch) und vielleicht kannst du die angenehme Brise (kinästhetisch) auf deiner Haut spüren die die Blätter an den Bäumen in ein Rascheln (auditiv) versetzt. Blätter in einem dunklen (ind. Suggestion) grün, das du jetzt vielleicht genauer betrachten (visuell) kannst. Der Weg mit seinen hellen (Fraktionierung hell, dunkel) Steinchen führt dich an eine Treppe (Metapher für die Entspannungsgrade), die 10 Stufen tief (ind. Suggestion) nach unten zu einem kleine Teich führt. Diese Treppe ist jedoch eine ganz besondere Treppe. Mit jeder Stufe kann und wird (autoritär, dir. Suggestion) sie dich in eine Entspannung führen, die sich mit jeder Stufe, die du tief hinabsteigst(kinästetisch), sich noch verdoppelt (autoritär, dir. Suggestion), sodass du direkt am Teich eine Tiefe deiner Entspannung erleben wirst, wie du sie vielleicht noch gar nicht kennen gelernt hast.(autoritär, dir. Suggestion) Genieße diese angenehme (ind. Suggestion) Gefühl.(autoritär)

10 Trete nun auf die erste Stufe (Konfusion) und spüre, wie gut es dir geht (autoritär), während du irgendwo in deinem Körper eine erste Form von Entspannung entdecken kannst (antiautoritär). Vielleicht ist
es eine angenehme (ind. Suggestion) Schwere oder
Wärme, die dich einlädt, noch mehr zu entdecken?
(antiautoritär) Ein Vogel mit einem bunten Federkleid
fliegt vorbei und landet auf einem Baum(visuell),
während du den nächsten Schritt nach unten gehst
(kinästetisch, autoritär) und vielleicht gar nicht gemerkt hast, wie sich deine Entspannung 9 bei der 2.
Stufe (Konfusion) verdoppelt hat (ind. Suggesion, antiautoritär).

8 Leicht und angenehm, tiefer und tiefer bringt dich
die Treppe (dir. Suggestion), die du vielleicht jetzt sogar unter deinen Füßen spüren kannst.(kinästhetisch,
antiautoritär) Möglicherweise ist sie der Weg zu dir
selbst in dem die äußeren Reize eine inneren Ruhe
weichen können, wenn die Wichtigkeit des Inneren
zunimmt und dem Äußeren die Wertigkeit entzieht,
(Konfusion) sodass alles 7, was du von außen wahrnimmst, deine Entspannung weiter vertiefen wird
(dir. Suggestion) um der angenehmen Endlosigkeit
die Wertigkeit beizumessen,(Konfusion) die dir jetzt
einen maximalen Veränderungsprozess ermöglicht.
(dir. Suggestion)

Achte darauf, wie sich die Parklandschaft bereits jetzt
verändert hat(visuell). Wie die Bäume nun immer leiser und langsamer (auditiv)ausführen, als wollten Sie

dich in den Schlaf schaukeln. In einen traumhaft, heilenden Schlaf der dich 6 bei der Zahl 0 (Konfusion) etwas Unbeschreibliches erleben lässt, bei dem dein Unbewusstes den Veränderungsprozessen anheim fallen kann, die dir so gut tun. (autoritär, dir. Suggestion)

5 Du bist bei der 6. Stufe (Konfusion) angekommen. So wie sich dein Körper bereits jetzt so tief entspannt hat, dass er sich scheinbar mit der Unterlage, auf der du dich befindest, verbunden hat, können und werden auch deine Gedanken genauso in diese Tiefe Entspannung gehen, wie es dein Körper weiter tun wird. (kinästhetisch, dir. Suggestion, autoritär) Jedes Wort meiner Stimme, jeder Takt diese Melodie bringt dich weiter und tiefer und tiefer in diese Trance, in diesen wunderbaren, angenehmen, ganz anderen Schlaf. (auditiv, dir. Suggestion, autoritär)

Lasse jetzt deine Gedanken los, wie der Baum, der im Herbst seine bunten Blätter von Wind davontragen lässt (visuell, dir. Suggestion, autoritär) und gehe den nächsten Schritt in deine tiefe Trance(dir. Suggestion, autoritär) auf die 4 siebte Stufe (Konfusion), die sich vielleicht schon ganz anders anfühlt und du möglicherweise die letzten Gedanken in der Ferne bunt davonfliegen siehst.(antiautoritär- vertiefend, kinästhetisch)

3 ich lade dich jetzt ein, nur noch meiner Stimme zu folgen und mit mir auf eine Reise zu gehen, weit,

weit weg von hier an einen anderen Ort, in eine andere Zeit um (antiautoritär)

2 Unbeschreibliches zu erleben und die Veränderungsprozesse anzustoßen, die deinem Leben jetzt oder gleich mehr Qualität geben können und werden. (autoritär)

1 Möglicherweise merkst du wie angenehm diese Reise für dich werden wird, bereits jetzt schon, oder nicht? (antiautoritär)

0 Du bist da. Direkt vor dir siehst du die tiefe, ruhig daliegende Wasserfläche im Teich. Weiße Wölkchen am blauen Himmel spiegeln sich in der Unendlichkeit einzelner Wassertropfen. Mücken tanzen auf dem Wasser wie Elfen der Glückseligkeit. (Vergleich) Eine Elfe tippt mit ihrem Beinchen auf diesen Spiegel und lässt eine Welle deiner Fantasie über das Wasser gleiten, die dich nun in deinen Traum entführt, in dem du dich in ...... wiederfindest. (Wirkhypnose) (visuell, dir. Suggestion, autoritär)

Eine lineare Wirkhypnose schreiben

Methapher(n)suche

Auch hier ist es wichtig, ein Thema und/ oder Bilder zu finden, die vorbereitend auf den gewünschten Effekt wirken. Dazu muss du dir das Ziel klar machen, das deine Hypnose haben soll. Wie lauten die konkreten Suggestionen? Schreibe sie dir auf und finde dann ein passendes Thema/ Bild. Hierzu können wieder die Archetypen herangezogen werden. Ebenfalls ist es möglich mit symbolhaften Gegenständen wie der Kristallkugel, dem Spiegel, dem Hologramm und weiterem zu arbeiten. Diese können direkt auftauchen, gefunden werden oder mittels eines Helfers gebracht/ genutzt werden.

Beispiel:

Suggestion: Du bist selbstsicher.

Mögliches Bild: Insel, Haus, Hologramm

Metaphern: Fels, Höhe

→ Du lässt den Klienten auf einer Insel seinen Felsen suchen in erklimmen, dabei Widrigkeiten überwinden. Er sieht seine Farbe und geht in ein Haus, das er von dort aus sieht. Innen taucht das Hologramm mit seinem Idealbild auf und er tritt hinein.

Suggesionsplatzierung

Die Suggestionen können in den Bildern als Adjektive direkt platziert werden oder indirekt – das, was du dir wünschst. Nach vertiefenden Elementen und Konfusion werden Suggestionen besser angenommen. Durch die Abwechslung wird die Suggestion nicht zu plump wiederholt.

Suggestionen Ankern

Du kannst ein Bild mit der Suggestion verknüpfen, später dieses Bild oder Symbol immer wieder auftauchen lassen. Wiederhole dieses Bild mehrfach in Kombination mit der Suggestion. Später kannst du dieses Bild nutzen, um einen Gefühlszustand immer wieder aufrufen zu können.

Beispiel:

„… Möglicherweise ist es genau dieser Diamant, der so viel an Selbstsicherheit ausstrahlt, der mit seinen funkelnden Facetten dir genau das im Leben geben kann, was du schon immer haben wolltest. Nimm nun diesen Diamant und lege ihn auf dein Herz. Jetzt oder gleich wirst du spüren, wie dieses Gefühl vom Diamanten direkt in dich übergeht. Ich frage mich, wo du es am meisten fühlen kannst.

Stelle dich nun wieder vor den Spiegel und betrachte dein neues ‚ich'. Wie hältst du deinen Körper? Beob-

achte das neue funkeln (indirekter Bezug zum Diamenten) in deinen Augen...."

Posthypnotischer Anker

Genauso kann der Anker auch nach der Hypnose weiterwirken.

Beispiel:

„… Nimm nun dieses Funkeln mit in deinen Alltag. Es wird immer weiter in dir wirken. Dein Diamant, den du nun in dir trägst wird dir mit seiner Selbstsicherheit das geben, was du dir immer schon gewünscht hast und wird noch stärker für dich Funkeln, wenn du es brauchst…"

Beispiel Wirkhypnose

… und so findest du dich am Strand einer Felsküste auf einer wunderschönen Tropeninsel wieder. Das Meer rauscht tosend und bricht sich an den schroffen Felsen. Die Sonne taucht alles in ein angenehm warmes Licht, sodass du die Wassertropfen der brandenden Gischt in der Luft tanzen sehen kannst. Vielleicht spürst du auch den einen oder anderen Tropfen auf deiner Haut, den der Duft des Meeres mit sich bringt.

Irgendwo findest du einen Felsen der besonders hoch über die Küste aufragt und der dich irgendwie magisch anzuziehen scheint. Was wohl auf dem Felsen ist? Vielleicht überlegst du noch, ob du da über-

haupt hinauf willst, aber irgend etwas neues in dir lässt dich wie von alleine losgehen.

So viel du auch suchst, es gibt keinen vorhandenen Weg. Trotzdem hat dich der Mut gepackt und ziehst dich am ersten Stein ein wenig nach oben. Die Felsen sind rauer, als du gedacht hättest und so ziehst du dich weiter nach oben. Obwohl es vielleicht glitschig aussieht findest du aus irgend einem Grund immer wieder Halt. Aus einem unsicheren vielleicht noch zaghaften Versuchen, wird es einfacher und einfacher für dich zu klettern. Vielleicht spürst du die Veränderung bereits jetzt irgendwo in deinem Körper. Genieße dieses Gefühl und lass ihm den Raum, den du für dich brauchst. Oben angekommen erstreckt sich eine weite Ebene, vielleicht eine Steppenlandschaft, die nur durch wenige Platanen unterbrochen wird. Die Bäume senden ihre langen Schatten alle in eine Richtung. Die tief stehende Sonne verabschiedet sich vom Tag und bereitet die Natur auf die Nacht vor, während auch du dich weiter, tiefer entspannen kannst und wirst. Die warmen Schatten weisen alle in die gleiche Richtung und zeigen auf ein Haus, dass du möglicherweise schon kennst? Aus der Ferne kannst du es kaum erkennen und so beschließt du, einfach einmal das Haus näher zu betrachten. Auf deinem Weg fällt dir vielleicht auf, wie leicht es ist, Schritt für Schritt in deinem neuen Land anzukommen. Und so gehst du weiter und weiter und erreichst schließlich das Haus. ..."

Hier könnte weiter in Richtung Aufarbeitung gearbeitet werden, das Haus, das symbolisch für die eigene Persönlichkeit steht, kann vom Klienten in seinen Farben, Formen, Räumen verändert werden. Quasi aufräumen in sich selbst

Kommentar

Die Wirkhypnose lässt einiges an Interpretationsspielraum, sodass das Unbewusste des Klienten sich das aus der Hypnose herausziehen kann, was für ihn relevant ist. Der Berg spielt mit dem Bild alt-neu, der Kletterpfad enthält das Selbstbewusster-werden und zu einer unentdeckten Kraft zu gelangen. Das Haus ist nur angelegt und kann in der Ausführung dann in die Persönlichkeitsarbeit weiter einsteigen. Wie in der Induktion sind wieder vertiefende Elemente enthalten. Eine Mischung aus Autoritär und Antiautoritär lässt den Klienten angenehm durch die Bilder wandern, gestützt vom VAKOG-Modell, dass möglichst viele Sinne angesprochen werden. Überall verteilt sind Suggestionen, die in die gewünschte Richtung lenken.

Übung: Analysiere den Text, so wie in der Induktion.

Die Hypnose ausleiten

In der Hypnoseausleitung kannst du nach oben zählen, jeweils gefolgt von einer Suggestion, die sich der Realität wieder zuwendet. Auch die Hauptsuggestion den vorhergehenden Hypnose kann noch einmal explizit wiederholt werden.

Beispiel Autoritäre Ausleitung

„… doch nun wird es Zeit, die Entspannung wieder zu verlassen (Suggestion). Ich werde gleich von 1-5 zählen. Bei der Zahl 5 bist du wach, frisch und erholt, wie nach einem langen Schlaf. (Suggestion) 1 Deine Körperwerte, dein Blutdruck und dein Puls gehen auf die für dich optimalen Werte. (Suggestion Geist zu Körper) 2 Dein Körper wird wieder leichter und leichter (Suggestion Körper) 3 Du nimmst die Umgebung wieder wahr, meine Stimme, die Musik, die Autos draußen (Suggestion Orientierung nach außen) 4 Auch deine Augenlieder werden leichter und leichter. (Suggestion Augen, Selbstwahrnehmung in der Realität) und 5 In deinem Tempo kannst du die Augen öffnen und bist zurück.(Suggestion Aufwachen)"

Eine Ausleitung mit solch sauber gesetzten Suggestionen bedarf auch keiner forscheren Stimme. Der Klient wird auch aus der tiefsten Trance spätestens nach wenigen Minuten zurückkehren.

Beispiel Antiautoritäre Ausleitung

„… und so hast du vielleicht schon erkannt, dass es nun an der Zeit ist, die Entspannung zu verlassen. (Suggestion) Bereite dich darauf vor, in deinem neuen Fühlen und Erleben gleich in die Realität zurückzukehren.(Suggestion) Möglicherweise es ist meine Stimme, oder aber die Musik, die dich nun auf dem Weg zurück in die Realität begleitet.(Suggestion) Das, was vormals immer unwichtiger geworden ist, und dich in deiner Entspannung unterstützt hat, wird nun Teil deines Weges zurück in das Hier und Jetzt. (Suggestion) Und so kannst du jetzt oder gleich in deinem Tempo die Augen wieder öffnen. (Suggestion)

Bei der Antiautoritären Variante dauert es vielleicht noch etwas länger, bis sich der Klient reorientiert hat, sie ist jedoch eine Alternative, die je nach eigener Vorliebe Anwendung finden kann.

Letztlich musst du dich mit der Hypnose wohl fühlen, sie muss für dich leicht zu sprechen sein, aber auch zielorientiert formuliert. Überprüfe am Schluss immer noch mal deinen Text, ob Suggestionen fehlgedeutet, im schlimmsten Fall gegenteilige Wirkung haben können.

Mehr Ideen und Kreativität:

Falls du Interesse am Tages-Seminar „Kreative Hypnosen schreiben" hast, dann kannst du dich auf
münchner-hypnosepraxis.de informieren oder eine E-
Mail an hypnosepraxis@live.de schreiben.

Aufgesprochene Hypnosen und Autogene Trainings
findest du unter www.meditation-musicload.de

Mit dem Gutschein: AT-MUC erhältst du 10% Rabatt!

Eigene Musik kannst du bei mir unter www.musik-zur-
hypnotherapie.de beauftragen.

Bildquellen: pixbay.de

Herstellung und Verlag:
BoD – Books on Demand, Norderstedt
ISBN: 978-3-7494-8419-5